Minun kaikista kaunein uneni

Mon plus beau rêve

Lastenkirja kahdella kielellä

Lataa äänikirja täällä:

www.sefa-bilingual.com/mp3

Ilmainen pääsy salasanalla:

suomi: **BDFI1518**

ranska: **BDFR1527**

Cornelia Haas · Ulrich Renz

Minun kaikista kaunein uneni

Mon plus beau rêve

Kaksikielinen lastenkirja,

mukana äänikirja ladattavaksi

Käännös:

Janika Tuulia Konttinen (suomi)

Martin Andler (ranska)

Lulu ei pysty nukahtamaan.
Kaikki muut näkevät jo unta –
hai, elefantti, pieni hiiri,
lohikäärme, kenguru, ritari,
apina, lentäjä. Ja vauvaleijona.
Myös nallen silmät painuvat jo
melkein kiinni ...

Hei nalle, otatko minut mukaan
uneesi?

Lulu n'arrive pas à s'endormir.
Tous les autres rêvent déjà – le
requin, l'éléphant, la petite
souris, le dragon, le kangourou,
le chevalier, le singe, le pilote.
Et le bébé lion. Même
Nounours a du mal à garder
ses yeux ouverts.

Eh Nounours, tu m'emmènes
dans ton rêve ?

Ja niin jo on Lulu Nalle-Unimaassa. Nalle kalastaa Tagayumi-järvellä. Ja Lulu ihmettelee, kuka tuolla ylhäällä puissa mahtaa asua?

Kun uni päättyy, tahtoo Lulu seikkailla vielä lisää. Tule mukaan, menemme käymään hain luona! Mistä se mahtaa nähdä unta?

Tout de suite, voilà Lulu dans le pays des rêves des ours. Nounours attrape des poissons dans le lac Tagayumi. Et Lulu se demande qui peut bien vivre là-haut dans les arbres ?

Quand le rêve est fini, Lulu veut encore une aventure. Viens avec moi, allons voir le requin ! De quoi peut-il bien rêver ?

Hai leikkii hippaa kalojen kanssa. Vihdoinkin hänellä on ystäviä! Kukaan ei pelkää hänen teräviä hampaitaan.

Kun uni päättyy, tahtoo Lulu seikkailla vielä lisää. Tulkaa mukaan, menemme käymään elefantin luona! Mistä se mahtaa nähdä unta?

Le requin joue à chat avec les poissons. Enfin, il a des amis ! Personne n'a peur de ses dents pointues.

Quand le rêve est fini, Lulu veut encore une aventure. Venez avec moi, allons voir l'éléphant ! De quoi peut-il bien rêver ?

Elefantti on kevyt kuin höyhen ja pystyy lentämään! Pian se laskeutuu taivasniitylle.

Kun uni päättyy, tahtoo Lulu seikkailla vielä lisää. Tulkaa mukaan, menemme käymään pienen hiiren luona! Mistä se mahtaa nähdä unta?

L'éléphant est léger comme une plume et il peut voler ! Dans un instant il va se poser dans la prairie céleste.

Quand le rêve est fini, Lulu veut encore une aventure. Venez avec moi, allons voir la petite souris. De quoi peut-elle bien rêver ?

Pieni hiiri katselee tivolia. Eniten hän pitää vuoristoradasta.

Kun uni päättyy, tahtoo Lulu seikkailla vielä lisää. Tulkaa mukaan,
menemme käymään lohikäärmeen luona! Mistä se mahtaa nähdä unta?

La petite souris visite la fête foraine. Ce qui lui plaît le plus, ce sont les montagnes russes.

Quand le rêve est fini, Lulu veut encore une aventure. Venez avec moi, allons voir le dragon. De quoi peut-il bien rêver ?

Lohikäärmeellä on jano tulen syöksemisestä. Mieluiten se haluaisi juoda kokonaisen limonadijärven tyhjäksi.

Kun uni päättyy, tahtoo Lulu seikkailla vielä lisää. Tulkaa mukaan, menemme käymään kengurun luona! Mistä se mahtaa nähdä unta?

Le dragon a soif à force de cracher le feu. Il voudrait boire tout le lac de limonade !

Quand le rêve est fini, Lulu veut encore une aventure. Venez avec moi, allons voir le kangourou. De quoi peut-il bien rêver ?

Kenguru hyppii läpi makeistehtaan ja ahtaa pussinsa täyteen. Vielä lisää
sinisiä karkkeja! Ja lisää tikkareita! Ja suklaata!

Kun uni päättyy, tahtoo Lulu seikkailla vielä lisää. Tulkaa mukaan,
menemme käymään ritarin luona! Mistä se mahtaa nähdä unta?

Le kangourou sautille dans la fabrique de bonbons et remplit sa poche.
Encore plus de ces bonbons bleus ! Et plus de sucettes ! Et du chocolat !
Quand le rêve est fini, Lulu veut encore une aventure. Venez avec moi,
allons voir le chevalier ! De quoi peut-il bien rêver ?

Ritari käy kakkusotaa unelmiensa prinsessan kanssa. Ooh! Kermakakku menee ohi!

Kun uni päättyy, tahtoo Lulu seikkailla vielä lisää. Tulkaa mukaan, menemme käymään apinan luona! Mistä se mahtaa nähdä unta?

Le chevalier a une bataille de gâteaux avec la princesse de ses rêves. Ouh-la-la, le gâteau à la crème a râté son but !

Quand le rêve est fini, Lulu veut encore une aventure. Venez avec moi, allons voir le singe ! De quoi peut-il bien rêver ?

Kerrankin apinamaassa on satanut lunta! Koko apinajoukko on riemuissaan ja pelleilee.

Kun uni päättyy, tahtoo Lulu seikkailla vielä lisää. Tulkaa mukaan, menemme käymään lentäjän luona, mihin uneen hän on mahtanut laskeutua?

Il a enfin neigé au pays des singes. Toute leur bande est en folie, et fait des bêtises.

Quand le rêve est fini, Lulu veut encore une aventure. Venez avec moi, allons voir le pilote ! Sur quel rêve a-t-il pu se poser ?

Lentäjä lentää ja lentää. Maailman loppuun ja vielä eteenpäin tähtiin asti.
Siihen ei ole vielä kukaan toinen lentäjä pystynyt.
Kun uni päättyy, ovat kaikki jo hyvin väsyneitä, eivätkä he tahdo enää
seikkailla niin paljon. Mutta vauvaleijonan luona he haluavat vielä käydä.
Mistä se mahtaa nähdä unta?

Le pilote vole et vole. Jusqu'au bout du monde, et encore au delà,
jusqu'aux étoiles. Jamais aucun pilote ne l'avait fait.

Quand le rêve est fini, ils sont déjà tous très fatigués, et n'ont plus trop
envie d'aventures. Mais quand même, ils veulent encore voir le bébé lion.

De quoi peut-il bien rêver ?

Vauvaleijonalla on koti-ikävä ja se haluaa takaisin lämpimään, pehmoiseen petiin.

Ja muut myös.

Ja siellä alkaa ...

Le bébé lion a le mal du pays, et voudrait retourner dans son lit bien chaud et douillet.
Et les autres aussi.

Et voilà que commence ...

... Lulun kaikista kaunein uni.

... le plus beau rêve
de Lulu.

Foto: Ingrid Hagenreich

Cornelia Haas syntyi 1972 Ichenhausenissa Augsburgissa (Saksa). Hän opiskeli muotoilua Münsterin ammattikorkeakoulussa ja valmistui sieltä diplomi-muotoilijaksi. Vuodesta 2001 lähtien hän kuvittaa lasten- ja nuortenkirjoja, vuodesta 2013 lähtien hän opettaa akryyli- ja digitaalimaalauksen dosenttina Münsterin ammattikorkeakoulussa.

Cornelia Haas est née en 1972 à Ichenhausen près d'Augsbourg. Après une formation en apprentissage de fabricant d'enseignes et de publicités lumineuses, elle a fait des études de design à l'université de sciences appliquées de Münster où elle a obtenu son diplôme. Depuis 2001, elle illustre des livres pour enfants et adolescents, depuis 2013, elle enseigne la peinture acrylique et numérique à la à l'université de sciences appliquées de Münster.

www.cornelia-haas.de

Väritätkö mielelläsi?

Täältä löydät kaikki tarinan kuvat väritettäviksi:

www.sefa-bilingual.com/coloring

Pidä hauskaa!

Hyvä lukija,

kuinka hienoa, että olet löytänyt kirjani! Jos se oli mieleesi (ja varsinkin lapsesi mieleen), välitä se mieluusti eteenpäin, Facebook-tykkäyksenä tai ystävillesi lähetetyn sähköpostin kautta:

www.sefa-bilingual.com/like

myös kommentista tai arvostelusta tulisin todella iloiseksi. Tykkäykset ja kommentit ovat kehuja kirjailijoille, sydämelliset kiitokset!

Odota vielä kärsivällisesti, jos kielellesi ei vielä löydy äänikirjaversiota! Teemme töitä sen eteen, että kaikilla kielillä olisi saatavilla äänikirjaversio. Tilannekatsauksen saat „kielitaikahatustamme" Internet-sivuillamme:

www.sefa-bilingual.com/languages

Nyt haluan kuitenkin esitellä lyhyesti itseni: Synnyin 1960 Stuttgartissa, yhdessä kaksoisveljeni Herbertin kanssa (josta myös tuli kirjailija). Opiskelin Pariisissa ranskalaista kirjallisuutta ja muutamaa kieltä, sen jälkeen Lyypekissä lääketiedettä. Urani lääkärinä jäi kuitenkin lyhyeksi, sillä jo pian tulivat kirjat mukaan kuvioihin: ensin lääketieteelliset ammattikirjat, joiden julkaisijana ja kustantajana toimin, myöhemmin asiateokset ja lastenkirjat.

Asun vaimoni Kirstenin kanssa Lyypekissä aivan pohjoisessa Saksassa, yhdessä meillä on kolme (nyt jo aikuista) lasta, koira, kaksi kissaa ja pieni kustantamo: Sefa Verlag.

Se, joka haluaa tietää minusta lisää, voi käydä Internet-sivuillani ja ottaa sitä kautta minuun myös mieluusti yhteyttä: **www.ulrichrenz.de**

Sydämellisin terveisin,

Ulrich Renz

Lulu suosittelee lisäksi:

Nuku hyvin, pieni susi

Dors bien, petit loup

Ulrich Renz / Barbara Brinkmann

| suomi | kaksikielinen | ranska |

ISBN: 9783739909714

Nuku hyvin, pieni susi

Lapsille yli 2-vuotiaiden

mukana äänikirja

Timiä ei nukuta. Hänen pieni sutensa on kadonnut! Unohtuikohan se ulos? Aivan yksin hän uskaltautuu pimeään yöhön – ja saa mukaansa odottamattomia vieraita....

Saatavilla kielilläsi?

▶ Katso „kielitaikahatustamme":

www.sefa-bilingual.com/language-wizard-wolf

ISBN: 9783739970073

Villijoutsenet

Perustuen Hans Christian Andersenin satuun

ikäsuositus: 4-5. ikävuodesta eteenpäin

mukana äänikirja

Hans Christian Andersenin „Villijoutsenet" ei ole syyttä yksi maailman luetuimmista saduista. Ajattomassa muodossaan se käsittelee inhimillisten näytelmien aiheita: pelkoa, rohkeutta, rakkautta, pettämistä, eroa ja uudelleen löytämistä.

Saatavilla kielilläsi?

▶ Katso „kielitaikahatustamme":

www.sefa-bilingual.com/language-wizard-swans

More of me ...

Bo & Friends

► Children's detective series in three volumes. Reading age: 9+

► German Edition: „Motte & Co" ► www.motte-und-co.de

► Download the series' first volume, „Bo and the Blackmailers" for free!

www.bo-and-friends.com/free

© 2019 by Sefa Verlag Kirsten Bödeker, Lübeck, Germany

www.sefa-verlag.de

IT: Paul Bödeker, München, Germany

ISBN: 9783739963105

Version: 20190101

www.sefa-bilingual.com